Menino Chico

Uma história pra contar

Adeilson Salles

ILUSTRAÇÕES: L. BANDEIRA

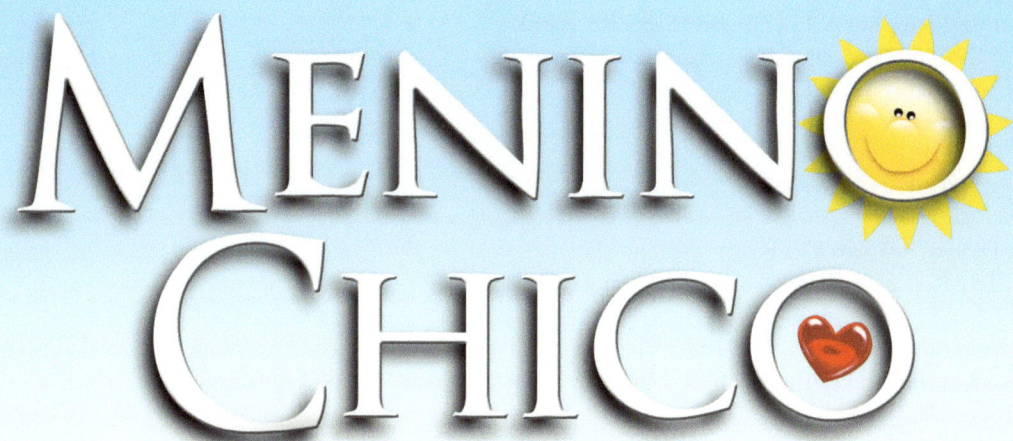

Menino Chico

Uma história pra contar

Copyright © 2010 *by*
FEDERAÇÃO ESPÍRITA BRASILEIRA – FEB

1ª edição – Impressão pequenas tiragens – 6/2025

ISBN 978-85-7328-622-9

Todos os direitos reservados. Nenhuma parte desta publicação pode ser reproduzida, armazenada ou transmitida, total ou parcialmente, por quaisquer métodos ou processos, sem autorização do detentor do *copyright*.

FEDERAÇÃO ESPÍRITA BRASILEIRA – FEB
SGAN 603 – Conjunto F – Avenida L2 Norte
70830-106 – Brasília (DF) – Brasil
www.febeditora.com.br
editorial@febnet.org.br
+55 61 2101 6161

Pedidos de livros à FEB
Tel.: (61) 2101 6161 – comercial@febnet.org.br

Adquirindo esta obra, você está colaborando com as ações de assistência e promoção social da FEB e com o Movimento Espírita na divulgação do Evangelho de Jesus à luz do Espiritismo.

Dados Internacionais de Catalogação na Publicação (CIP)
(Federação Espírita Brasileira – Biblioteca de Obras Raras)

S168m   Salles, Adeilson Silva, 1959–

           Menino Chico: uma história pra contar / Adeilson Silva Salles; Ilustrações: Lourival Bandeira de Melo Neto. – 1. ed. – Impressão pequenas tiragens. – Brasília: FEB, 2025.

           32 p.; il. color.; 25 cm

           ISBN 978-85-7328-622-9

           1. Xavier, Francisco Cândido, 1910-2002 – Literatura infantojuvenil. 2. Literatura infantojuvenil brasileira. I. Melo Neto, Lourival Bandeira de, 1959–. II. Federação Espírita Brasileira. III. Título.

                                                                           CDD 028.5
                                                                           CDU 087.5
                                                                           CDE 81.00.00

Apresentaram-lhe então algumas crianças, a fim de que Ele as tocasse, e, como seus discípulos afastassem com palavras ásperas os que lhas apresentavam, Jesus, vendo isso, zangou-se e lhes disse: "Deixai que venham a mim as criancinhas e não as impeçais, porquanto o Reino dos Céus é para os que se lhes assemelham. Digo-vos, em verdade, que aquele que não receber o Reino de Deus como uma criança, nele não entrará". – E, depois de as abraçar, abençoou-as, impondo-lhes as mãos. (MARCOS, 10:13 a 16).[1]

---

[1] N.E.: KARDEC, Allan. *O evangelho segundo o espiritismo*. Tradução Guillon Ribeiro. 131. ed. 3. imp. (Edição Histórica). Brasília: FEB, 2013. Cap. 8, item 2.

Naquele dia o sol acordou cedo para ver a chegada do menino, rapidamente empurrou o cobertor da noite enfeitado de estrelas, que minutos atrás estava estendido sobre o mundo.

Nas terras acolhedoras do Cruzeiro, lá onde as minas são gerais, nasceria um menino humilde e bondoso que não seria esquecido jamais.

Ele chegou num raio de luz, desceu pelas nuvens, pelas encostas das montanhas.

Pelo ventre de Maria... Maria João de Deus, sua mãe.

As mães são raios de luz na vida dos filhos, são nuvens graciosas e montanhas protetoras.

A beleza do dia era tão intensa que as estrelas do céu não foram embora com a noite, desceram à Terra em forma de raios solares salpicando a pele

das águas dos rios, lagos e oceanos, de milhares de pontas prateadas, reluzentes.

Foi assim que ele nasceu.

Nos olhos tinha o brilho da serenidade, no sorriso singelo a marca da caridade.

De Francisco foi chamado.

Mais um menino que nascia para a vida; e, à medida que ele crescia surpreendia a todas as pessoas.

Muita gente duvidava, pois o menino falava com amigos que ninguém via, relatava coisas de mundos e humanidades que todos desconheciam.

Era por ver e amar demais que, incompreendido, chorou muitas lágrimas por sua vida afora.

Quando ouvia falar de guerras e maldades ele se entristecia, tinha o hábito da compaixão e da oração.

Mas quem tem no coração a marca da bondade, não fica chorando desamparado, não permanece com o pensamento preso a maldade.

Como todo menino ele gostava de brincar; de pedrinhas pequenas fazia palácios e castelos; de gravetos imaginava os mais belos animais.

Não empinou pipas, nem jogou pião, tampouco jogou bola.

Desde cedo brincava de amar, sua brincadeira favorita.

Sorria um riso infantil, e todo sorriso infantil é um riso de amor, de inocência.

As crianças sorriem esperança, a esperança é o sorriso das crianças.

Como toda criança o menino Francisco tinha amigos invisíveis.

As crianças têm amigos que são vistos e ouvidos pelo coração, e a maioria delas quando cresce desaprende a enxergar e a ouvir assim, elas então, quando adultas, choram, como a sentir saudades de um mundo feliz deixado pra trás.

O menino chamado Francisco se tornou Chico, apenas Chico, simples e amoroso como um beijo de criança.

Foi crescendo e falando de amor, e não deixou de conversar com seus amigos invisíveis, não deixou de se assemelhar a uma criança.

As pessoas achavam estranho que ele visse e falasse com pessoas que ninguém via.

Diziam até que o menino era louco ou doente, pois insistia em falar com gente que já tinha "morrido".

— Mas que morte que nada, ela não existe! — Chico afirmava.

O menino Chico não apenas falava com os amigos invisíveis, mas depois de algum tempo começou a ser instrumento e escrever muitas coisas ditadas por eles.

Novamente todos se assustaram com os escritos do menino, Chico tinha amigos demais.

Escrevia livros de poesias, romances, cartas de luz, mensagens de amor, histórias infantis...

Eram tantos amigos invisíveis escrevendo que todo mundo se admirava, quem houvera de dizer que das mãos daquele menino, poetas e escritores cantariam a imortalidade da vida!

Mais amigos invisíveis procuravam pelo menino, queriam dar notícias para as pessoas.

Eram filhos procurando pais, pais procurando filhos, mães de coração doído pela saudade. E a fila

só fazia crescer, todos queriam receber notícias pelas mãos abençoadas do menino.

Chico era assim, escrevia e falava de amor, de caridade, de imortalidade.

Muitas mães procuravam o menino Chico para receber cartas dos filhos que haviam partido para o mundo dos vivos invisíveis, dos amigos do menino Chico.

Mães diziam...

— Chico! Meu coração está sofrendo pela dor da separação, meu filho "morreu"! Como sofre a mãe com a "morte" de um filho, quero notícias para me confortar, você pode me ajudar?

Muitas mães foram consoladas pela dedicação e caridade do menino que a todos atendia com carinho e amor.

Tornava visível pelas cartas de luz que escrevia o amor de filhos, filhas, pais e mães, amigos e amigas, invisíveis aos olhos, mas visíveis pelas cartas de vida.

O menino Chico era um carteiro de Deus entregando cartas de luz para quem sofria a separação física.

Corações saudosos se encontravam pelas mãos amorosas do menino.

As cartas de luz chegavam às dezenas, e muitas mães choraram de alegria, pois as cartas, o amor em forma de letras, abrandava a saudade e os filhos diziam: Mamãe não chore mais, estou vivo, *"e a vida continua"*...

Quando o menino Chico falava de amor seus olhos se enchiam de luz, e o povo perguntava:

— Menino Chico quem te ensinou tudo isso?

Ele respondia respeitoso e humilde:

— Aprendi com Allan Kardec a compreender o amor de Jesus.

— E o que mais Jesus te ensinou menino Chico? — os curiosos queriam saber.

Com humildade ele respondia:

— Que nós estamos aqui para aprender e nos tornarmos um dia, *"missionários da luz" do amor,* só assim voltaremos felizes para o *"nosso lar"* verdadeiro.

Vinha gente de todo lado falar com o menino, eram pobres e ricos, gente de toda cor, todos com o mesmo sentimento: *a dor.*

Sob a sombra do abacateiro que existia no fundo de sua casa, o menino gostava de conversar e falar de Jesus. As pessoas o cercavam para ouvir suas sábias palavras, palavras de amor.

O tempo foi passando... passando...

O corpo do menino envelhecia, porém ele continuava a se assemelhar a uma criança.

Falava com seus amigos invisíveis e escrevia livros e mais livros ditados por eles.

Visitava os necessitados, enfermos do corpo e da alma, ia às prisões, atendia mulheres equivocadas e não havia quem não gostasse da visita do menino.

Às vezes, até mesmo de madrugada ia visitar pessoas que não tinham o que comer, sempre tinha uma palavra amiga, uma ajuda simples, mas levava muito amor e solidariedade.

E foram tantas as pessoas que ele ajudou e tantas as lágrimas que ele secou, e tantos corações que consolou...

Como toda criança, amava os animais, pois até com eles o menino Chico falava.

Cumpria sua *"agenda cristã"* com humildade.

E o tempo passou...

O corpo do menino envelheceu, adoeceu, mas ele falava e amava, tal como uma criança.

Depois de tantos anos, depois de tanto amor distribuído, tantas lições de humildade e caridade, o menino Chico quis brincar de pique-esconde.

Coisa de criança.

Aqueles que receberam seu carinho, dedicação e amor estavam distraídos com tanta alegria, contando até cinco, que nem viram o menino partir, quando viraram o rosto ele já não estava.

Quando o procuraram ele não estava mais lá.

Só encontraram sua roupa gasta pelo tempo.

O menino lépido e fagueiro saiu escondido, foi embora sorrindo. Correu pelos vales, pelas

encostas das montanhas subindo até o Alto, até o Reino dos Céus.

Uma multidão de amigos, antes invisíveis o aguardavam, queriam abraçá-lo, agradecer.

Então ele abraçou filhos e filhas, pais e mães, amigos e amigas, avôs e avós.

Um dia encontraremos esse menino novamente, mas para isso precisamos amar como ele; amar as crianças e ser como elas.

TABELA DE EDIÇÕES

Edição	Impressão	Ano	Tiragem	Formato
1	1	2010	5.000	20x25
1	2	2010	3.000	20x25
1	3	2014	2.000	20x25
1	4	2015	1.500	20x25
1	5	2016	1.500	20x25
1	6	2018	1.000	20x25
1	IPT*	2023	250	20x24,5
1	IPT	2024	50	20x24,5
1	IPT	2024	400	20x24,5
1	IPT	2025	50	20x25
1	IPT	2025	200	20x25

*Impressão pequenas tiragens

O EVANGELHO NO LAR

Quando o ensinamento do Mestre vibra entre quatro paredes de um templo doméstico, os pequeninos sacrifícios tecem a felicidade comum.[1]

Quando entendemos a importância do estudo do Evangelho de Jesus, como diretriz ao aprimoramento moral, compreendemos que o primeiro local para esse estudo e vivência de seus ensinos é o próprio lar.

É no reduto doméstico, assim como fazia Jesus, no lar que o acolhia, a casa de Pedro, que as primeiras lições do Evangelho devem ser lidas, sentidas e vivenciadas.

O espírita compreende que sua missão no mundo principia no reduto doméstico, em sua casa, por meio do estudo do Evangelho de Jesus no Lar.

Então, como fazer?

Converse com todos que residem com você sobre a importância desse estudo, para que, em família, possam compreender melhor os ensinamentos cristãos, a partir de um momento de união fraterna, que se desenvolverá de maneira harmônica e respeitosa. Explique que as reflexões conjuntas acerca do Evangelho permitirão manter o ambiente da casa espiritualmente saneado, por meio de sentimentos e pensamentos elevados, favorecendo a presença e a influência de Mensageiros do Bem; explique, também, que esse momento facilitará, em sua residência, a recepção do amparo espiritual, já que auxilia na manutenção de elevado padrão vibratório no ambiente e em cada um que ali vive.

Convide sua família, quem mora com você, para participar. Se mora sozinho, defina para você esse momento precioso de estudo e reflexões. Lembre-se de que, espiritualmente, sempre estamos acompanhados.

Escolha, na semana, um dia e horário em que todos possam estar presentes.

O tempo médio para a realização do Evangelho no Lar costuma ser de trinta minutos.

---

[1] XAVIER, Francisco Cândido. *Luz no lar*. Por Espíritos diversos. 12. ed. 7. imp. Brasília: FEB, 2018. Cap. 1.

As crianças são bem-vindas e, se houver visitantes em casa, eles também podem ser convidados a participar. Se não forem espíritas, apenas explique a eles a finalidade e importância daquele momento.

O seguinte roteiro pode ser utilizado como sugestão:

1. Preparação: leitura de mensagem breve, sem comentários;
2. Início: prece simples e espontânea;
3. Leitura: *O evangelho segundo o espiritismo* (um ou dois itens, por estudo, desde o prefácio);
4. Comentários: breves, com a participação dos presentes, evidenciando o ensino moral aplicado às situações do dia a dia;
5. Vibrações: pela fraternidade, paz e pelo equilíbrio entre os povos; pelos governantes; pela vivência do Evangelho de Jesus em todos os lares; pelo próprio lar...
6. Pedidos: por amigos, parentes, pessoas que estão necessitando de ajuda...
7. Encerramento: prece simples, sincera, agradecendo a Deus, a Jesus, aos amigos espirituais.

As seguintes obras podem ser utilizadas nesse momento tão especial:

- *O evangelho segundo o espiritismo*, como obra básica;
- *Caminho, verdade e vida*; *Pão nosso*; *Vinha de luz*; *Fonte viva*; *Agenda cristã*.

Esse momento no lar não se trata de reunião mediúnica e, portanto, qualquer ideia advinda pela via da intuição deve permanecer como comentário geral, a ser dito de maneira simples, no momento oportuno.

No estudo do Evangelho de Jesus no Lar, a fé e a perseverança são diretrizes ao aprimoramento moral de todos os envolvidos.

Conselho Editorial:
Carlos Roberto Campetti
Cirne Ferreira de Araújo
Evandro Noleto Bezerra
Geraldo Campetti Sobrinho – Coord. Editorial
Jorge Godinho Barreto Nery – Presidente
Maria de Lourdes Pereira de Oliveira
Miriam Lúcia Herrera Masotti Dusi

Produção Editorial:
Elizabete de Jesus Moreira

Capa, Projeto Gráfico e Ilustrações:
Lourival Bandeira

Normalização Técnica:
Biblioteca de Obras Raras e Documentos
Patrimoniais do Livro

Esta edição foi impressa no sistema de Impressão pequenas tiragens, em formato fechado de 200x250 mm. Os papéis utilizados foram o Couche fosco 90 g/m² para o miolo e o Cartão 250 g/m² para a capa. O texto principal foi composto em fonte Calibri 16/24. Impresso no Brasil. *Presita en Brazilo.*